Le Couronnement d'un Roi.

LE COURONNEMENT D'UN ROI,

Essai Allégorique en un Acte et en prose,

REPRÉSENTÉ

SUR LE THÉATRE DE RENNES, LE 28 JANVIER 1775.

PAR

UN AVOCAT AU PARLEMENT DE BRETAGNE,

(M. LOUIS-JÉRÔME GOHIER.)

.... Redeunt Saturnia regna.
VIRGILE.

NOUVELLE ÉDITION.

PARIS

URBAIN CANEL, LIBRAIRE,
PLACE SAINT-ANDRÉ-DES-ARTS, N° 30;

DUPONT ET RORET, QUAI DES AUGUSTINS, N° 37.
HENRI JANNIN, RUE VIVIENNE, N° 18.

1825

IMPRIMERIE DE J. TASTU,
RUE DE VAUGIRARD, N° 36.

AVIS DE L'ÉDITEUR.

On lit dans les Mémoires de Bachaumont, du mois de février 1775 :

« On mande de Rennes qu'on y a joué, le 28 jan-
» vier dernier, un drame ayant pour titre : *le
» Couronnement d'un Roi*. C'est un acte en prose,
» mêlé de musique et de chant : c'est une allégorie
» des plus fines. Tous les vices qui entourent le
» trône y sont personnifiés. On y voit le *Luxe*, le
» *Despotisme*, la *Volupté*, la *Flatterie*; on y re-
» connaît en bien et en mal différens ministres
» passés et présens qui rendent la scène plus inté-
» ressante. Il y a beaucoup de spectacle, et ce
» divertissement pourrait s'arranger en opéra de
» la plus grande pompe; on l'attribue à un avocat
» de Rennes. Cet ouvrage a fait une très-grande
» sensation, etc. »

Le hasard nous ayant fait trouver cette pièce dans un recueil du temps, nous l'avons lue avec intérêt, et nous y avons trouvé des rapports singuliers avec l'auguste cérémonie qui captive aujourd'hui l'attention de la France. Composée à l'occasion des fêtes du couronnement de Louis XVI, et représentée à cette époque avec succès, elle peut offrir un objet de comparaison avec les nombreux ouvrages dramatiques destinés à célébrer le sacre de Charles X. Si l'auteur a osé mettre en scène le Roi de France, le langage qu'il a prêté à ce prince semble avoir justifié son audace ; la philosophie sur le trône n'est-elle pas pour l'humanité le plus sublime des spectacles ?

La pièce allégorique que nous réimprimons, sans aucun changement (1), porte, comme tous les ouvrages de circonstance, l'empreinte de l'époque où elle fut composée. Un dernier sentiment de fatigue après un règne aussi long qu'avilissant, la perspective consolante d'une administration pleine de jeunesse et d'avenir, le mépris d'une cour voluptueuse et d'un vieux despote, encore accru par le caractère de son vertueux successeur, enfin l'amour d'un prince dont l'avénement avait été signalé par le renvoi de ministres déshonorés, le rappel des parlemens et la suppression des cours de justice de Maupeou, tels sont les idées et les sentimens qui se confondent dans *le Couronnement d'un Roi*. Tous les personnages fameux dans l'histoire des misères du temps s'y reproduisent, plus ou moins déguisés sous le voile transparent de l'allégorie. Sous l'image du *Luxe*, on reconnaît l'abbé Terrai ; la *Flatterie* désigne, à ne pas s'y méprendre, le ministre Saint-Florentin ; dans le *Despotisme*, on ne peut méconnaître le duc d'Ai-

---

(1) Nous n'avons supprimé que le vaudeville, qui nous a paru sans intérêt pour le moment.

guillon, et le vieil esclave qui présente la *Volupté* au Roi, peint trait pour trait le maréchal de Richelieu ; le *Fantôme sans nom* et sa suite sont évidemment le chancelier Maupeou et son parlement.

On demandera peut-être de quel intérêt sont, pour les lecteurs actuels, ces allégories sur des personnages oubliés depuis long-temps ? Nous prions ceux qui seraient tentés de faire cette question, de ne pas oublier que souvent le passé est le miroir du présent ; nous les invitons à regarder autour d'eux. Peut-être l'abbé Terrai n'est pas si loin qu'on pense. Est-il besoin d'un grand effort d'esprit pour retrouver encore en France des Saint-Florentin ; et le duc d'Aiguillon manque-t-il d'héritiers parmi nous ? Quant au maréchal de Richelieu, quoique notre époque ne soit pas absolument celle des galanteries de cour, nous ne croyons pas qu'au besoin il manquât de successeurs, si l'on ressuscitait des fonctions pareilles aux siennes, et si elles rapportaient, comme autrefois, et des faveurs et de gros appointemens. Personne n'ignore enfin que le type du chancelier Maupeou n'est pas tellement perdu qu'on ne puisse le retrouver. Il n'y a que sa suite qui paraisse ne point avoir d'application, à moins qu'on ne veuille substituer entre ses mains l'Évangile au Code, et voir en elle une certaine congrégation qui est partout, et qu'on ne nomme nulle part.

Mais en voilà plus qu'il n'en faut pour motiver

une publication peu importante, et qui sera assez justifiée si le public l'adopte.

Un seul mot encore. Avant de publier *le Couronnement d'un Roi*, nous avons dû chercher à découvrir le nom de l'auteur qui s'intitule modestement, *un Avocat de Rennes*. Nos recherches n'ont pas été inutiles : cet auteur est M. Louis-Jérôme Gohier, qui a depuis rempli avec honneur des fonctions très-élevées, et qui a même gouverné quelque temps la république française. Le journal du temps qui nous a révélé son nom, nous apprend que Louis XVI, loin de désavouer le langage qu'on lui prête dans l'ouvrage, en témoigna, dans une circonstance importante, toute sa satisfaction à l'auteur lui-même. Ce qui mérita les éloges de ce vertueux monarque ne saurait être désapprouvé sous le règne de son auguste frère.

On assure que M. Gohier, plus que septuagénaire, vit retiré dans les environs de Paris. N'ayant point l'honneur de le connaître, nous avons publié son opuscule sans le consulter, mais certains qu'il ne nous saura point mauvais gré d'avoir ressuscité une production qui ne peut qu'honorer ce respectable vieillard.

Paris, le 28 mai 1825.

PRÉFACE DE L'AUTEUR.

AI-JE TORT DE CÉDER AU ZÈLE QUI M'ENTRAÎNE ?
HENRI QUATRE ET TITUS ONT PARU SUR LA SCÈNE.

PERSONNAGES.

Le ROI.
La REINE.
HENRI-LE-GRAND.
Princes du sang, Ministres et Magistrats connus.
Suite de la Reine.
Personnages allégoriques et pantomimes.
Le Peuple.

LE COURONNEMENT D'UN ROI.

SCÈNE PREMIÈRE.

LE ROI.

PERSONNAGES ALLÉGORIQUES ET PANTOMIMES.

Le théâtre représente la salle du trône.

Au moment où se lève la toile, tous les personnages allégoriques doivent être placés derrière le roi, mais de manière qu'en se retournant, chaque groupe puisse successivement frapper ses regards.

Sur une table couverte d'un tapis de velours céleste, parsemé de fleurs de lys d'or, est placée la couronne royale. Le Roi la fixe et paraît plongé dans une méditation profonde.

La scène s'ouvre comme celle de Pygmalion.

Une musique analogue aux grands objets qui occupent le prince annonce les sentimens qui le pénètrent.

LE ROI.

La naissance la donne, elle n'est due qu'à la vertu. Qu'ai-je fait pour la mériter?

*

* Cet astérisque désigne les pauses qui doivent être remplies par une musique.

(On entend, derrière le théâtre, crier *vive le Roi!*)

Ces acclamations me pénètrent. Quand pourrai-je dire : C'est un tribut qu'on paie à mes bienfaits ! Vois, Louis, quel espoir on ose concevoir de ton règne !...... Ce bon peuple sera-t-il trompé ? Si tu n'es qu'un roi vulgaire, un silence affreux succédera bientôt à ces cris d'allégresse ; ils ne s'élèveront plus que vers ton successeur, et ton nom, aujourd'hui si cher, tombera dans un éternel oubli ! On se souvient peu d'une belle aurore, quand le soleil se couche sans nous avoir fait sentir ses rayons bienfaisans.

*

(On entend encore crier *vive le Roi!*)

O mes enfans ! je ne suis encore que votre roi ; mais je veux être plus, je veux être votre père...... Être-Suprême, dont la puissance infinie ne peut surpasser la bonté, toi, dont je dois être ici-bas l'image, vois les sentimens qui m'animent, et daigne entendre les vœux que mon cœur ose former ! Le bonheur d'un peuple tel que celui qui m'est confié n'est pas un objet indigne de tes regards.

Mais que me servira d'être bon, si tous ceux qui m'entourent sont corrompus !...... Des intentions pures sont-elles toujours à l'abri de la séduction ? N'a-t-on pas vu, sous les meilleurs rois, des citoyens vertueux gémir dans les fers et près de devenir les **victimes de la tyrannie ?....**

SCÈNE PREMIÈRE.

PREMIER PERSONNAGE REPRÉSENTANT LE LUXE (1).

Un colosse richement vêtu attire les regards du roi. Ce colosse doit être placé à côté d'un trône d'or relevé par tout ce qu'il y a de plus éclatant et de plus riche, mais dont les degrés sont formés de groupes de malheureux couverts de haillons, qui lancent vers ce trône des regards où se peint le désespoir.

LE ROI.

Quel est ce colosse ?... Sur son front siége l'impudence ; un avide orgueil se peint jusque dans ses regards. Ce spectre est-il fait pour être auprès de ma personne ?...

(Le colosse montre le trône au roi et semble l'inviter à y monter.)

Approchons du trône qu'il ose me montrer. Quelle richesse ! quelle magnificence !..... Les yeux sont éblouis de l'éclat qui l'environne. Celui de Crésus était moins brillant !....

(Le Roi jette les yeux sur les pieds du trône.)

Que vois-je ? Quels prestiges ne doit pas dissiper un spectacle aussi déchirant ? Peuples infortunés ! voilà donc l'état où vous réduit le luxe de vos rois ! Ce n'est qu'en vous écrasant qu'ils peuvent monter sur le trône odieux que leur élève la fausse grandeur.

(1) L'abbé Terrai.

(Le Roi prend plusieurs édits que le colosse lui présente.)

Encore des impôts !....

(Il les déchire et les jette à la figure du colosse.)

Va, monstre affamé d'or, va porter aux enfers tes horribles présens ; loin de songer à lever de nouveaux impôts, je voudrais qu'il me fût possible de les abolir tous.

*

SECOND PERSONNAGE REPRÉSENTANT LA FLATTERIE.

Un courtisan, dans la posture la plus humble, montre au prince la place qu'on lui destine dans l'Olympe.

LE ROI.

Que me veut ce pygmée rampant (1) ? (*Ironiquement.*) Eh vraiment, la chose est importante ! Il ne s'agit de rien moins que de la place qui m'est réservée à côté de Jupiter ! (*Avec indignation.*) Est-ce ainsi qu'on flatte les Rois ?...

(Le Roi prend le flatteur et lui fait faire une pirouette ; ce mouvement découvre un malheureux, un placet à la main, que le courtisan dérobait aux regards du prince. Le Roi relève le malheureux et prend avec bonté son placet.)

Le cruel ! il me plaçait parmi les dieux, de peur que je ne fusse un homme, pour soustraire un Français à la bienfaisance de son Roi ! Autour de moi je ne vois que des vices ; l'air contagieux qu'on respire à la cour en a-t-il banni les vertus ?

(1) Saint-Florentin.

SCÈNE PREMIÈRE.

FANTÔME SANS NOM, TROISIÈME PERSONNAGE.

Un fantôme noir tient de la main droite un glaive et de l'autre distribue à un groupe d'aveugles de petites balances de bois dans lesquelles se trouvent quelques gâteaux..... Aux pieds du fantôme sont jetées les vraies balances de la Justice à côté du Code.

LE ROI.

A qui s'adresse ce noir fantôme (1)? Qui l'a décoré des attributs de la Justice?...

(En s'avançant pour présenter le glaive au Roi, le fantôme marche sur le Code qui est à ses pieds. Le Roi relève le Code avec vivacité.)

Quoi? misérable! tu foules aux pieds ce qui doit imprimer du respect aux Rois mêmes! C'est par les lois que je veux régner, et non par la terreur...

(Le Roi frappe sur le poignet du fantôme, et lui fait tomber le glaive des mains.)

Va, perfide! Ce dépôt sacré, à la fois la sauvegarde des Rois et la sûreté des citoyens, sera mis en des mains plus fidèles et qui sauront mieux le garder....

(1) Maupeou; sous son ministère, le parlement de Bretagne avait été dissous, envoyé en exil et remplacé par des intrus sans fortune, que le besoin seul avait pu décider à accepter une place dans cette caricature de cour souveraine, qu'on appela le *tripot*.

(Le Roi jette un regard de pitié sur le groupe d'aveugles.)

Sont-ce là les instrumens du plus redoutable ministère ? des aveugles !....

Si la justice apparaît au magistrat intègre un bandeau sur les yeux, c'est pour le préserver de toute influence étrangère; c'est pour l'avertir que la loi seule doit fixer ses regards.... Mais la prévention et l'ignorance, autant que la partialité, doivent être bannies de son sanctuaire.

Allez, je ne me sers point d'aveugles, mais je les plains et leur donne du pain.

(Le Roi distribue les gâteaux aux aveugles et brise leurs balances.) (1)

*

LA FAUSSE GLOIRE, QUATRIÈME PERSONNAGE.

La Victoire tient d'une main un faisceau de lauriers, et de l'autre montre au Roi des couronnes et des sceptres enchaînés à ses pieds.

LE ROI.

Jamais ce laurier ne couronnera ma tête, s'il faut donner des chaînes pour le mériter. J'ai déjà sous mon empire trop de sujets, s'il en est un seul qui soit malheureux. J'envie peu la gloire des conquérans, d'un Alexandre, d'un César.... Il n'est point de vic-

(1) En renvoyant le parlement *Maupeou*, le Roi accorda des pensions à tous les membres qui le composaient.

SCÈNE PREMIÈRE.

toires qui valent le sang qu'elles font couler. Mais si la France était menacée, s'il fallait combattre pour son indépendance, pour la cause sacrée de la liberté, on n'aurait pas besoin de faire briller à mes yeux tous les prestiges de la gloire pour m'appeler au combat et dans un péril extrême, Athènes ne se flatterait pas seule d'avoir trouvé un *Codrus*.

*

LA VOLUPTÉ, CINQUIÈME PERSONNAGE.

La Volupté paraît sous les traits les plus séduisans, conduite par un vieil esclave couronné de myrthe (1); elle tient dans ses mains des chaînes couvertes d'une guirlande de fleurs.

LE ROI.

A quel dessein cette jeune beauté fixe-t-elle sur moi ses regards? Est-ce encore un piége dont je doive me défier? Non..... d'aussi beaux traits ne peuvent être ceux du vice; c'est mon humanité, sans doute, qu'elle implore; c'est quelque grâce qu'elle vient me demander. Osons approcher d'une femme. Son conducteur m'est pourtant bien suspect. Si c'était!... Mais s'annoncerait-elle avec autant de modestie? Lui verrait-on ce timide embarras qui sied si bien à la vertu?... Elle rougit à chaque pas que je fais.... Elle n'en est que plus belle. L'incarnat de la pudeur est le fard de la beauté; il révèle

(1) Des méchans ont cru reconnaître certain maréchal plus fameux par les victoires qu'il a remportées dans les boudoirs que dans les camps (le maréchal de Richelieu).

l'innocence en l'embellissant de ses charmes. Est-ce à moi qu'elle destine cette guirlande ? Ses présens sont aussi simples qu'elle.

(La Volupté lui présente la guirlande.)

O ciel ! ce sont des chaînes !... C'est à tes esclaves à les porter.

(Le Roi les jette au cou de l'esclave de la Volupté, qui doit être à genoux, et l'enchaîne.)

Je vois le projet horrible formé par le plus vil des courtisans..... Retirez-vous, et n'infectez pas jusqu'à l'air que je respire.

*

LE DESPOTISME, SIXIÈME ET DERNIER PERSONNAGE.

Un homme cuirassé de bronze, le casque en tête, un sceptre de fer à la main, montre au Roi un trône de fer fort élevé, mais, si étroit vers sa base, qu'à peine peut-il se soutenir. Les pieds de ce trône sont de bois. Un groupe de malheureux le rongent pour le renverser.

LE ROI.

Ce trône affreux n'est pas fait pour moi.

(En le touchant le Roi le fait chanceler.)

Il faut être un tyran pour oser y monter.

(Il jette les yeux sur le groupe.)

Quel Roi, éclairé par ce spectacle, voudrait ceindre son front du bandeau du despotisme ?

(*L'homme cuirassé se retire.*) (1)

Je lui sais gré de sa retraite; en me prévenant, c'est un hommage qu'il rend à ma vertu. Il connaît toute mon horreur pour ses odieux principes; il sait que je veux régner sur un peuple libre et non sur des esclaves.

On entend un coup de tonnerre; les trônes se brisent et les personnages disparaissent. Le théâtre représente l'entrée du temple de Mémoire; à la porte doit être le Temps, armé de sa faux; on l'en suppose le portier.

SCÈNE II.

LE ROI, HENRI-LE-GRAND.

HENRI (*sortant du temple de Mémoire*).

Vive Dieu! Les Français ont un Roi!

LE ROI (*à part*).

Qu'entends-je? Que vois-je?... L'esprit et le cœur remplis de ce héros.... Mes sens jusqu'à ce point peuvent-ils être séduits?... Je ne me trompe point; c'est lui....

(*à Henri.*)

Génie tutélaire de la nation; vous dont le nom seul porte dans le cœur français les douces impressions du bonheur, Henri, quel miracle heureux pour nous vous rappelle en ces lieux?

(1) Le duc d'Aiguillon n'attendit pas qu'on lui retirât son porte-feuille; il prit lui-même sa démission.

HENRI.

Vos vertus, ô mon fils ! Quelles victoires vous venez de remporter ! Les monstres domptés par Hercule étaient plus faciles à vaincre que ceux dont votre courage a triomphé. Oui, c'est ainsi que j'eusse voulu commencer si je n'avais pas eu mon royaume à conquérir.

Recevez la couronne que ma vaillance vous a transmise et qui doit, sur votre front, briller d'un nouvel éclat.

(Henri pose la couronne sur la tête du Roi.)

LE ROI.

M'apprendrez-vous à la porter ?

HENRI.

Votre sagesse a prévenu mes leçons. Tant que vous penserez que les intérêts de votre peuple sont les vôtres, mes conseils vous seront peu nécessaires ; si vous cessiez d'en être persuadé, ils vous deviendraient inutiles. Adieu, mon fils....

LE ROI.

Vous m'abandonnez quand j'ai le plus besoin de vous..... Ah ! daignez m'éclairer sur le choix des sages que je dois associer à mes travaux.... Aidez-moi à trouver un Sully.

HENRI.

Bientôt vous connaîtrez ceux qui doivent appro-

cher du trône... Quels hommes vont l'entourer (1)!..
Les Sully sont moins rares encore que les princes
dignes d'avoir un ami!... Les vœux du peuple, la
haine de grands leur désignent les seuls ministres
dignes de leur confiance. Le plus difficile n'est pas
de faire un bon choix, c'est de savoir le maintenir
contre toutes les intrigues de cour. Après la justice, la constance est la première vertu des Rois,
et celui qui est assez faible pour sacrifier un ministre vertueux aux viles passions qui assiégent le
trône, se livre lui-même et se perd sans retour.

Mais les portes du temple de Mémoire s'ouvrent,
et m'annoncent que je dois vous quitter.

LE ROI.

Que ne puis-je vous suivre!

HENRI.

C'est le séjour des grands hommes; il doit un
jour être le vôtre, si vous ne vous entourez que
des amis de votre peuple..., si vous repoussez loin
de vous les intrigans affamés d'or qui spéculent sur
sa ruine, si vous n'avez d'autres favoris que les
siens...., si, quand il parle ou qu'il se tait, vous
écoutez son sévère langage... O mon fils! redoutez
les insinuations perfides des courtisans! Voyez cette
longue suite de Rois dont la malédiction nationale
insulte la tombe, et dont la flatterie avait fait de

(1) Les Malesherbes, les Turgot, etc.

leur vivant l'apothéose !... N'oubliez jamais que le jugement de la postérité vous attend, et qu'au temple de Mémoire c'est à ce vieillard, c'est au Temps à vous y placer.

Les portes du temple se referment ; on entend un coup de tonnerre plus violent que le premier. La décoration change et représente la salle du trône.

SCÈNE III.

LE ROI, PRINCES DU SANG.

(Les Princes font quelques pas vers le Roi et puis s'arrêtent.)

LE ROI.

Paraissez, princes de mon sang, mon règne sera le vôtre (1) !.... C'est à mes côtés que vous devez être, pour me servir de rempart contre la flatterie et l'adulation. Je vous sais gré de votre conduite courageuse lorsque le règne des lois était en péril ; votre retraite est une leçon pour les Rois qui ne peut jamais s'oublier et que je veux toujours avoir devant les yeux. Qu'il m'est doux de lire dans les vôtres le bonheur de mon peuple !

Penthièvre, celui des Bretons dépend de vôtre

(1) Les princes du sang, parmi lesquels on distinguait monseigneur le comte de Provence (S. M. Louis XVIII) et monseigneur le comte d'Artois (S. M. Charles X), s'étaient noblement retirés, à l'époque de la dissolution des parlemens et de leur remplacement par les créatures de Maupeou.

présence et de celle d'une princesse (1) qui embellit ma cour. Allez partager leurs hommages; qu'ils perdent, en vous voyant, jusqu'au souvenir de leurs malheurs.

SCÈNE DERNIÈRE.

LE ROI, LA REINE, PRINCES DU SANG;

SUITE DE LA REINE; MINISTRES ET MAGISTRATS CONNUS; LE PEUPLE, DES PALMES A LA MAIN.

Les ministres et les magistrats paraissent à la tête du peuple.

LE ROI.

Je demandais un Sully et je commence à me flatter de voir mes vœux s'accomplir... Approchez, amis de mon peuple, vous êtes aussi les miens.

(Les ministres, les magistrats et le peuple s'avancent. La reine et sa suite restent auprès du trône.)

(Au premier magistrat.) (2)

Généreux défenseur des lois, vous, qui pour elles avez sacrifié les honneurs, la fortune et votre

(1) Ceux qui ont eu le bonheur de voir madame de Lamballe ne demanderont pas quelle est la princesse dont il est ici question.

(2) Miroménil; ce ministre qui promettait plus qu'il n'a tenu depuis, avait, comme premier président du parlement de Rouen, voulu partager l'exil de ses collègues.

liberté, acceptez la récompense de votre constance et de votre fermeté.... Soyez à la tête de la magistrature qu'on voulait avilir; qu'elle vous doive son nouvel éclat, et que les compagnons de vos malheurs sortent enfin de leur exil. Assez et trop long-temps mon peuple a souffert de leur absence. J'accorde leur rappel aux cris de la nation et à celui de mon cœur (1).

PREMIER MAGISTRAT.

Je tombe aux genoux du RESTAURATEUR DES LOIS... Quels devoirs m'impose une si haute confiance !.... Mais quand mon souverain ne consulte que mon zèle, ne songeons qu'à la gloire attachée à l'honneur d'essayer de les remplir. Quel ministre peut refuser de concourir au bonheur de ses concitoyens en secondant les vues de son Roi ?

(Pendant la réponse du premier magistrat, le Roi prend une palme qu'un homme du peuple lui présente.)

LE ROI (*au second magistrat*) (2).

Et vous, intrépide vieillard, vous qui avez failli prouver à la nation consternée qu'on pouvait être

---

(1) La fin de cette allégorie n'a plus de rapports avec notre situation, à moins qu'on ne l'envisage comme une prophétie. Louis XVI, en arrivant au trône, changea le ministère; S, M. Charles X, au contraire, a maintenu l'administration de son prédécesseur....... Ne désespérons toutefois de rien; l'opinion s'est prononcée, et l'on doit tout attendre de la sagesse du monarque.

(2) La Châlotais.

trop vertueux, recevez cette palme des mains de votre Roi ; il serait jaloux du triomphe qui vous attend, s'il n'avait pas le bonheur d'y contribuer.

Suivez-moi tous : des hommes tels que vous ne sont jamais trop près du trône... Mais quels objets l'environnent ?.... C'est le brillant cortége de la reine !

(En s'avançant vers la reine.)

Venez, Madame, venez entendre les acclamations d'un peuple sensible au premier vœu qu'a satisfait son Roi. Venez le voir s'enivrer de l'espoir que lui donne mon règne. Je ne puis mieux justifier la joie qui le transporte qu'en plaçant avec moi la bienfaisance sur le trône.

(Le Roi donne la main à la Reine; ils montent ensemble sur le trône.)

LA REINE.

Le bonheur de ce peuple sera votre seul ouvrage ; mais le vôtre me regarde, il fera tout le mien.

LE PEUPLE.

Vive le Roi ! Vive le Roi !....

LE ROI.

Vive mon peuple ! Vive mon peuple !... Si je le laisse heureux, quelle que soit ma carrière, j'aurai assez vécu.

*

FIN.

www.ingramcontent.com/pod-product-compliance
Lightning Source LLC
Chambersburg PA
CBHW070458080426
42451CB00025B/2792